Ulla Hahn:
Klima für Engel
Gedichte

Deutscher
Taschenbuch
Verlag

März 1993
Deutscher Taschenbuch Verlag GmbH & Co. KG,
München
© Deutsche Verlags-Anstalt GmbH, Stuttgart
Die Gedichte dieses Bandes sind eine Auswahl
aus ›Herz über Kopf‹, Stuttgart 1981, ›Spielende‹,
Stuttgart 1983, ›Freudenfeuer‹, Stuttgart 1985,
und ›Unerhörte Nähe‹, Stuttgart 1988.
Umschlagtypographie: Celestino Piatti
Umschlagbild: Gisela Aulfes
Gesamtherstellung: C. H. Beck'sche Buchdruckerei,
Nördlingen
Printed in Germany · ISBN 3-423-11651-X

Das Buch

»Meine Großmutter ließ nichts verkommen«, schreibt
Ulla Hahn. »Von ihr lernte ich, jeden scheinbar noch
so wertlosen Gegenstand zu beachten, seine Schönheit
zu erkennen, ihm Bedeutung zu verleihen, die mit sei-
nem profanen Gebrauch nichts zu tun hatte. Von ihr
lernte ich das Sammeln, das Finden. Von ihr lernte ich
das Spielen. Ich lernte das Wundern. Die Freude, mich
selbst zu überraschen. Lernte das Verwandeln der
Wirklichkeit. Heute brauche ich dazu keine alten
Knöpfe, keine Troddeln, Porzellanscherben, Splitter
aus Glas, keine verbogenen Löffel, bartlosen Schlüssel
mehr. Heute bin ich auf Wörter und Silben aus, steck
sie zu mir mit der gleichen verschämten Kühnheit wie
einen rotgeäderten Rheinkiesel als Kind, spreche ih-
nen Bedeutung zu im Gedicht, wundere und freue
mich, wenn sie Funken schlagen und sprühen ...« Der
vorliegende Band enthält eine Auswahl von etwa 100
Gedichten aus: ›Herz über Kopf‹ (1981), ›Spielende‹
(1983), ›Freudenfeuer‹ (1985), ›Unerhörte Nähe‹
(1988) sowie den Anhang ›Für den, der fragt‹.

Die Autorin

Ulla Hahn, am 30. April 1946 in Brachthausen im Sau-
erland geboren, war nach dem Studium der Literatur-
wissenschaft, Geschichte und Soziologie und ihrer
Promotion Lehrbeauftragte an den Universitäten
Hamburg, Bremen und Oldenburg sowie Literaturre-
dakteurin bei Radio Bremen. Sie lebt in Hamburg.
Neben ihren Gedichtbänden veröffentlichte sie 1991
den Roman ›Ein Mann im Haus‹. Sie erhielt zahlreiche
Auszeichnungen und Preise, u.a. war sie 1987/88
Stadtschreiberin von Bergen-Enkheim.

Inhalt

Die Seiten 9–35 stammen aus ›Herz über Kopf‹, die Seiten
36–63 aus ›Spielende‹, die Seiten 64–82 aus ›Freudenfeuer‹
und die Seiten 83–120 aus ›Unerhörte Nähe‹.

Mit Haut und Haar

Ich zog dich aus der Senke deiner Jahre
und tauchte dich in meinen Sommer ein.
Ich leckte dir die Hand und Haut und Haare
und schwor dir ewig mein und dein zu sein.

Du wendetest mich um. Du branntest mir dein
    Zeichen
mit sanftem Feuer in das dünne Fell.
Da ließ ich von mir ab. Und schnell
begann ich vor mir selbst zurückzuweichen

und meinem Schwur. Anfangs blieb noch Erinnern
ein schöner Überrest der nach mir rief.
Da aber war ich schon in deinem Innern
vor mir verborgen. Du verbargst mich tief.

Bis ich ganz in dir aufgegangen war:
da spucktest du mich aus mit Haut und Haar.

Er kommt

Einkaufen: Kirschsaft Spinat und
neue Kartoffel Spargel nicht der
ist noch zu teuer oder ach was
zwei Pfund Spargel bitte.

Oh mein Gott: dem Friseur ging
die Farbe aus. Nehm ich statt
Rot Mahagoni nur nicht
vorne so kurz.

Wie angegossen das Kleid: aber
die Jeans sitzt straffer blau
liebt er und schwarz schön
also schwarzblau.

Steht die Uhr: nein noch einmal das
Beethoven Trio im zweiten Satz geht
die Klingel ich öffne die Tür
du schon da?

Wirbelsäule

Ich kenne deine
Runzeln rund um die Augen
von meinen Lippen
und deine Lippen haben
meine aufgespannt
und verbogen
zur Lust auf Lust.

Deine Falten
rechts und links
vom Mund
kennt der Zeigefinger
meiner rechten Hand.

Deine rechte Hand
verbirgt nichts
was deine Linke tut
meinen beiden Händen.

Ein Stückchen Halshaut
haben sich meine
Augen, Hände und Lippen erschlichen
bis zum obersten Knopf
deines Hemdes.

Aber Phantasie und Erkenntnis-
Theorie
knöpfen dich langsam sorgfältig auf
bis auf die Knochen.

Mit leeren Händen

Dreimal kehr ich zurück
ich versprach dir's. Dreimal
wartete ich auf dich unter
den Malven am Markt.

Dreimal bot ich der Alten
Narzissen, Ranunkeln und
Syringen aus Persien für
dreimal eine Nacht mit dir.

Alles nahm sie mir ab
Blumen und Perlen die
wollt ich dir schenken
zur dritten Nacht

als ich zu dir kam
mit leeren Händen und
weitgeöffneten Poren. Nichts
hielt ich verborgen.

Ach da zogst du mir
das Fell über die Ohren
schmiegtest es wohlig
der Alten ums Füßchen.

Und mich

Wenn du willst
nehme ich alles
zurück meine Tränen
fließen mir in die Augen
mein Lachen flieht
hinter meine Lippen
scheuen vor deinen
zurück hast du
alles genommen
was will ich
mehr als alles
zurück.

Alle hastigen Züge zu dir
fahre ich zurück durch
die platten Wiesen kaum
Mai jede Ankunft
bei dir ein Abschied mehr
jedes Wort schlag ich mir
in die Kehle
zurück
nehm ich alles
was du nicht willst
und mich.

Ach was

Ach was Verzweiflung da
könnte ja jeder kommen
und gehn. Mal sehn
ob die Wegwarten noch
übers Jahr übers Jahr
an den Sommerrändern stehn.

Ach was Verzweiflung du
könntest ja wieder kommen
und gehn. Mal sehn
ob der Vollmond schon
und dein Galgenstrick
sich über den Hügeln drehn.

Ach was Verzweiflung ich
kann doch zu jedem kommen.
Mal sehn
wie es ist im
goldenen Kleid und
mit Blut im Schuh
zu gehn.

Ohne Schnee

Wie könnte ich gut leben ohne
diesen Schnee diesen Winter.
Er sperrt mich nach innen
aus. Krümmt mir mein
Haar in den Kopf. Meine
Lippen ziehn sich zurück
meine Zunge hinter
die Zähne. Und da fällt
dieser Schnee dieser Schnee und das Eis
schmilzt nicht weiter.

Anständiges Sonett

Schreib doch mal
ein anständiges Sonett
St. H.

Komm beiß dich fest ich halte nichts
vom Nippen. Dreimal am Anfang küß
mich wo's gut tut. Miß
mich von Mund zu Mund. Mal angesichts

der Augen mir Ringe um
und laß mich springen unter
der Hand in deine. Zeig mir wie's drunter
geht und drüber. Ich schreie ich bin stumm.

Bleib bei mir. Warte. Ich komm wieder
zu mir zu dir dann auch
»ganz wie ein Kehrreim schöner alter Lieder«.

Verreib die Sonnenkringel auf dem Bauch
mir ein und allemal. Die Lider
halt mir offen. Die Lippen auch.

Angeschaut

Du hast mich angeschaut jetzt
hab ich plötzlich zwei Augen mindestens
einen Mund die schönste Nase
mitten im Gesicht.

Du hast mich angefaßt jetzt
wächst mir Engelsfell wo
du mich beschwertest.

Du hast mich geküßt jetzt
fliegen mir die gebratenen
Tauben Rebhühner und Kapaunen
nur so ausm Maul ach
und du tatest dich gütlich.

Du hast mich vergessen jetzt
steh ich da
frag ich was
fang ich allein
mit all dem Plunder an?

So

Auf der rechten Seite
so liegen daß
die Knie das Kinn
fast berühren. Sich den
Rücken freihalten für einen
nicht zu weichen
schmiegsamen Bauch.
Beine auch die mit meinen
scharf in die Kurve gehn
zwanzigfach Zeh'n
ganz unten. Ums Herz
in der linken Brust eine
Hand die den Schlag spürt
und bleibt im Nacken
ein schlafender Mund Speichelfäden.
Morgens aufwachen.
Immer noch da sein.
So.

Gibt es eine weibliche Ästhetik

Ich sehe deine Augen
mit den hängenden
Lidern am Kinn
Fettfalten die Stirn
gefurcht deine
dünnen spitzen
Ohren überm fahlen
Haar die
kahle Stelle
am Hinterkopf ich
denke du bist
von allen Männern
der schönste.

Winterlied

Als ich heute von dir ging
fiel der erste Schnee
und es machte sich mein Kopf
einen Reim auf Weh.

Denn es war die Kälte nicht
die die Tränen mir
in die Augen trieb es war
vielmehr Ungereimtes.

Ach da warst du schon zu weit
als ich nach dir rief
und dich fragte wer die Nacht
in deinen Reimen schlief.

Auf und Davon

Hab gesponnen das Gold
zu Stroh bin weil ich
so traurig bin froh
nicht so traurig wie gestern
zu sein mein Herz
allerliebster ist auf
und davon.

Ließ mein Haar hinunter
zur Nacht. Nicht die Alte
er war's der mir sacht
die Flechten zerschnitten dann
ist er geritten auf meinem Herzen
auf und davon

Tropf mir kühlen Schnee in
mein Blut. Komm
zurück und sei wieder
gut genug für mich
scher dich mein Herz
zum Allerliebsten auf
und davon.

Tschüs

Schneeweiß und Rosenrot
Schleierkraut Mohn
ich hab genug davon
scher mich zum Teufel

Zwischen zwei Pferdefüß
mach ich mich breit
schlag ihm in Ewigkeit
faustdicke Schnippchen

Zieh ihm die Hörner lang
setz ihm eins auf
lach mir 'nen Ast
schwing mich obendrauf.

Verreist

Am Abend des ersten Tags schieben wir ein
Bett nebens andre. Beklagen die
Ritze: du gießt sie mit
Rotwein zu bis ein Rosen
Gehege hochaufquillt und
Dornröschen bei Capri versinkt.

Am Abend des zweiten Tags schieben wir zwei
Betten zusammen. Deine Hand liegt schwer
mir auf dem Magen. Man
könnte auch sagen wir
schlafen umarmt. Aber die Beine
verlaufen sich in alle
vier Winde. Im zierlichen Auf und Ab
bewegt nur der Magen die Hand.

Am Abend des dritten Tags fahren
die Betten vor uns salutierend
zusammen schlägt sich das
Weißleinen auf machen die
Kissen uns Platz sag ich du
gibst mir Pfötchen und
wenn's grad zur Hand ist
dein Herz.

Abenteuer

Alle vierzehn Tage von Kopf bis Fuß
auf Liebe eingestellt. Die
Braut trägt schwarz bis
auf die Knochen und
seht der Bräutigam kommt
mit der S-Bahn.

Schon im Café kommen beide
zum Austausch seltener Sätze. Sie
reißt den Mund auf. Er
spült lauwarm nach. Dann
stellt sich Erregung ein und
das Taxi nach Moabit.

Handgreiflich werden beide
sogleich. Nichts ist
zu erwarten. Die Ringe
klirren. Es gilt wieder mal
zu geben zu nehmen
wie's kommt.

Im Märzen

Im Märzen da reiß ich
den Samt vom Himmel der Sonne
mach ich die Laden dicht ich
hack der Krähe ein Auge

aus Amsel Drossel Fink und Star
dreh ich den Hals um dem Krokus
köpf ich die Knospen ich schmeiß
dir mit Veilchen die Fenster

ein jeder sehe wie
ich's treibe wenn
du nicht sofort
die Rößlein einspannst.

Endlich emanzipiert

Als du fortgingst
war ich froh
endlich allein zu sein.

Ich trank mein Bier
nur noch in Kneipen
mit Frauen die
froh waren
endlich allein zu sein.

Manchmal wenn einer wie du sich
zu uns an den Tisch setzt
legt ihm eine von uns
ihr Haar um den Kopf
wirft ihm eine von uns
ihr Herz an die Brust
zieht für ihn sich eine
die Haut vom Leib.

Jedesmal nimmt er lächelnd
alles zahlt jeder ein Bier
und geht fort.

Bremisches Epigramm

Ach mein Mann ist verreist. Gerade
schlug er die Wagentür zu. Nur ein paar
schräge Küsse hetzt' er mir noch aufn Hals über
Kopf und Kragen und Stock und Stein rauschten
die Räder auf dem Asphalt. Mein Herz
flatterte noch ein Weilchen im Wind hinterher. Dann
knöpft' ich die Brust wieder zu. Doch meine Ruh
ist hin bis er nächstens bei mir wieder vorfährt in
seiner Kalesche aus Sachsen.

Blinde Flecken

Daß wir so uneins sind hält uns zusammen
du dort ich hier – wir sind auf andrer Fahrt:
Dein Istgewesen mein Eswirdnochkommen
zwei blinde Flecken in der Gegenwart
die uns gehört wie Träume vorm Erwachen
wenn wir schon wissen daß wir Träumer sind
die mit uns spielt ein Weilchen in den Winden
bis jedes hier und dort sich wiederfindt.

Salomes Lied

Schlafe was willst du
mehr zu tun
hast du nicht
nach den Bogensonnenlampen
vergeht nun das Abendlicht.

Bleibe getrost wo
du bist nichts
läßt wie ich dich so los
halt still: ich werfe ihr
deinen Kopf in den Schoß.

Spielregeln

Komm wir proben die Posse noch einmal
wir kennen die Rollen zum Glück
gibt es nicht mehr zu sagen
wir spielen das alte Stück

Immer wieder dieselben Schritte
bis hierher und weiter nicht
immer wieder dieselben Blicke
aus einem andern Gesicht

Immer wieder dasselbe Stöhnen
aus einem anderen Mund
jedesmal dasselbe Versinken
in immer anderem Grund

Immer wieder dieselben Blumen
am Anfang diesmal für mich
und im Schlußakt frische Tränen
wie immer: diesmal um dich.

Allein

Ich habe die Schnauze voll ich
bin auch müde und fürcht mich
jetzt schon vor dem ersten warmen Tag
den kleinen Kindern und den
schwangern Frauen und was das
Frühjahr noch erzeugen mag.

Ich bin allein ich hab nichts
zu verlieren als ein paar
Tage vom vergangnen Jahr
und Angst mit mir was Neues
zu probieren nicht zu krepiern
an dem was niemals war.

Unterwegs

Dich sollte ich lieben
mein Land
sagst du auf der Reise
die verschlüsselten Städte
die Hügel die Gräber
mit sieben Siegeln
bergauf und
bergab mein Land.

Mein Land ich weiß es
»und sage mit Weinen: es gibt
eine Vergangenheit« wie
in Fluten ausbluten
die Berge die Täler weit
oh Höhn!
Am Autobahnkreuz hakt
Vergangenheit ein
kreuzen Leichenzüge die Reise.

Und so bitt ich um Augen
blicke aus deinen
auf dich
sollte ich lieben mein Land
anschaun vertraun
»wie die Natur sich dazu herrlich findet«
wenn jahrtausendelang du
»Land der Liebe
blöde die eigne Seele leugnest«.

Fernsehbild vom Foto einer jüdischen Frau im KZ

Da lag ich krank mit meinen
Brüsten als ich dein Bild sah.
Ich hatte große Angst. Da
bat mich dein Gesicht nicht mehr zu weinen

um mich. Sekundenlang verharrt die Kamera
auf deinem Kopf den kurzgeschornen Haaren
dann fuhr sie langsam nah
dahin wo deine Brüste waren

und stand dort still. Bis ich
begriffen was dein Blick gemeint
und mich der Tränen schämte
die ich um dich um euch noch nicht geweint.

Bewerbung

Meine Spitzen hab
ich mir abgebrochen
abgeschliffen was kantig
zerkrümelt was fest war.
Was von mir übrig blieb
wie geschleckt
läßt sich jederzeit jedenorts
von jedermann
mühelos einfügen.

Dressurakt

Wirst du wohl bist du wohl schön
ruhig schreiben schreiben schreiben bis
Zeilenschluß. Kusch dieses Wort
hat zu bleiben da setz ich es
ein. Niemand redet dich aus
deinem Maß mein Gedicht wie
angeboren am Ziel.

Danklied

Ich danke dir daß du mich nicht beschützt
daß du nicht bei mir bist wenn ich dich brauche
kein Firmament bist für den kleinen Bärn
und nicht mein Stab und Stecken der mich stützt.

Ich danke dir für jeden Fußtritt der
mich vorwärts bringt zu mir
auf meinem Weg. Ich muß alleine gehn.
Ich danke dir. Du machst es mir nicht schwer.

Ich dank dir für dein schönes Angesicht
das für mich alles ist und weiter nichts.
Und auch daß ich dir nichts zu danken hab
als dies und manches andere Gedicht.

Verschreibungspflichtig

Jetzt bin ich ganz ruhig

Ich nahm sechs Tage lang
morgens mittags und abends
drei davon
verlor ich mein Herz
an einen Chemiekonzern aber
auf pflanzlicher Basis schossen
Maiglöckchen Rosmarin Roßkastanie
aus allen Herzkammern
auf dich das traf
bis du Ruhe gabst
mich jeder Schuß
ein Treffer ins Schwarze

Jetzt bin ich ganz ruhig

Mein muskulöses Zentralorgan
in einem Meer von Baldrian
reimt sich nicht mehr
auf Schmerz.

Kunstmärchen

Ich laß mir meine Märchen etwas kosten
Bremen Berlin mit leichtem Handgepäck
dreiviertel Stunden schweb ich in den Wolken
und lande immer auf demselben Fleck

in deinem Herzen das am Flugplatz wartet
mit Hand und Fuß und allem drum und dran
die Nase im Gesicht in Hemd und Hose
siehst du genauso aus wie jeder Mann

wenn ich nicht wüßte daß du Feuer spucken
aus einmal Zwei gleich Drei machen kannst
natürlich nur mit mir und wenn du mich nach allen
Regeln der Kunst phantastisch übermannst.

Mein Muser

Ach mein Muser sitzt fest er ist
auf den Leim gegangen den meinen
nicht. Die Pflicht bezähmt ihm
die Zunge lähmt ihm die Glieder
das Glied

Ach mein Muser ist kalt trocken
sind seine Küsse meinen Speichel
laß ich ihn trinken hoffend er gibt
ihn mir doppelt zurück

Ach mein Muser ist fern nahte er
könnt ich mich sehnen ohne mein
Herz zu verlieren oder
meinen Verstand

Komm mein Muser komm
mir nicht zu nahe zu heiß schlage mir
nicht entgegen mein Lied
könnte mir verbrennen
zurück bliebe nichts
als das nackte Leben.

Versuchsweise

Dich lieben können ohne die
zu hassen die dich
besetzt hält
wie Feindesland

Dich lieben können ohne dir
zu fressen was dir
vom Tisch fällt:
Krümel aus der Hand

Dich lieben können ohne mir
zu sagen nach Jahr
und Tag: den
hab ich nie gekannt.

Jubel

Dann gibt es Tage der Jubel
ist unbeschreiblich in meiner Brust
schlagen hundert Herzen vor Glück.
Alle Sorgen den Rinnstein runter
und du bist mitgeschwommen.
Die Welt ist wieder da.
Nichts mehr zu hoffen
nichts mehr zu fürchten
von dir.

Was bleibt

ist die Schweizer Uhr. Du
hast dich nicht lumpen lassen.
Was bleibt sind zwei Handtaschen.
Schallplatten. Ringlein aus Gold.
Viel flehentliches Papier. Zwei Mokkatassen.
Bezahlte Doppelzimmer. Essen und Trinken.
Ein neuer Satz Reifen. Ein Wettermantel
für den Übergang.

Oper

Im zweiten Akt wo denn sonst
von Tristan und Isolde zog
ich dir die Schuh aus und dann
was Not tat. Ich flog

dir das Hosenbein rauf auf
klang der Akkord und so fort
erhob sich Applaus unterm
Bauch gerieten wir wort

los ins Spiel schlugen
mit Engelszungen scharfe
Töne an. Trugen

auf Lippenspitzen uns weich
durchs Nadelöhr ins Himmelreich.

Zurechtgerückt

Ganz leise hast
du dich angezogen
ganz leise noch einmal
zärtlich gelogen

Ganz leise die
Türe zugedrückt
ganz leise dein
Herz zurechtgerückt.

Nähe

Ich möchte immer nahe bei dir sein
und bin dir doch niemals näher als weit
von dir wenn ich mich nach dir sehne.
Ich leg am Tag um mich ein dunkles Kleid
mich sollen keine fremden Augen sehen.
Wo du nicht bist will ich ein Schatten sein
wie du ein Schatten wirst in meiner Nähe:
seit ich dich liebe bin ich ganz allein.

Befehlsform

Mein Haar
Ein Netzwerk
Verstrick dich

Mein Mund
Labyrinth
Verrenn dich

Meine Haut
Nesselhemd
Verbrenn

Meine Augen
Zwei Seen
Ersauf

Meine Brüste
Schöne Hügel
Ruhe sanft.

Zu gebrauchen

Mehr braucht ich nicht: ein bißchen
Haut und Knochen siebzig bis
achtzig Kilo Menschenfleisch Haar –
Farbe ungenau – genug für einen Kopf Füß'
Zehennägel Zähne Zunge Zaum mehr
als sechs Tage Zeit. Ach wie ich formte
nach meinem Bilde und siehe es wäre
gut und als Mann zu gebrauchen.

Lieber Gott

Kurz hinter Salzburg erschaff ich
die Welt noch einmal. Klapp die
Alpen auf laß den See ein. Drapier
das Ufer mit Bäumen und Bank.
Zieh die Sonne hoch hefte den Mond
schräglinks überm Dachstein an.
Dann erfinde ich noch ein Vierquadrat
meterbett Halleluja und himmlische Heerscharen
schaffe Tod und Teufel und Telefon ab.
Sogar einen lieben Gott
gefühlsecht und elektronisch geprüft
kann ich mir zwei Wochen leisten
in der Nachsaison
zu ermäßigten Preisen.

Meine Phantasie mein Herr

I
Mein Herr ich bemerke
daß ich Ihren Anruf erwarte
Was soll das? Sie kriegen nichts
zu hören zu fassen. Vernarrte

ich mich am Ende
in Ihre Photographie?
An Ihnen fasziniert mich nichts
als meine Phantasie.

II
Mein Herr ich beginne
Ihre Telefonnummer zu
singen. Leise bitte
lassen Sie mich in Ruh

Wozu rufen Sie mich
nicht an? Hören Sie
schlecht von mir
doch sicher nie.

III
Mein Herr ich bemerke
daß ich von Ihnen
zu träumen beginne. Was
soll das? Sie scheinen

das Licht zu scheuen. Einer
Frau wie mir ein Bein
zu stellen im Traum
fiele mir das nicht ein.

Bekanntschaft

Die Fehler sind bekannt: ich hab sie längst begangen
Schuld oder Unschuld trifft mich ganz allein
Ich bin auf meinen eigenen Leim gegangen
ich fiel auf keinen als mich selber rein

Was ich auch tue macht die Fehler schwerer
die Fehler machen bald mein Leben aus
Ich bin in diesem Leben eingefangen
ich komme nicht aus meiner Haut heraus

die narbenstrotzend an mir klebt und knittert
und mit den Jahren deutlicher verwest
Ich bin die einzige die vor mir zittert
ich weiß daß niemand mich von mir erlöst.

Heller Wahnsinn

Die Liebe ist kein Engelchen mit Flügeln
kein dicker Säugling der mit Pfeilchen schießt
die Liebe ist ein Engel von den vielen
die Gottes Rache aus dem Himmel stieß

als sie wie er sein wollte: schön
und grausam blind und allmächtig nicht
von dieser Welt zeigt sie seither
in immer neuen Bildern das Gesicht

des Würgeengels der nach seiner Peitsche
die Herzen tanzen läßt bis er zuletzt
die Taumelnden Gefallenen zu fällen
den Fuß auf ihre armen Kehlen setzt

und dort verharrt sich auf dem Absatz
wendet sorgfältig ohne Eile hin und her
Mitunter soll es glücken zu entkommen
der Freispruch heißt: Ich liebe dich nicht mehr.

Wartende

Sie sitzt an einem Tisch für zwei Personen
allein mit diesem wachen starren Blick
schaut sie umher als hätt sie was verloren
und hält sich fest an einem Buch: Ihr Strick

der sie herauszieht aus den Augenpaaren
die nach ihr züngeln mitleidlos und spitz
wie Wellen über ihr zusammenschlagen
sie niederdrücken auf den Plastiksitz

der unter ihren Schenkeln klebt. Sie schwenkt
ihr Glas das Eis schmilzt klirrend schneller
sie selbst wird immer kleiner und versänk

gern als Erfindung in ihr Buch
das sie nun zuschlägt. Eh sie auftaucht
zahlt und geht. Es ist genug.

Ja früher

da trugen die Frauen als alles
noch überquoll loderte toste
vom durchgebrannten Geliebten
aber nicht mehr gefragt war
ihr Feuer ins Kloster

Verläßlich hing da einer am Kreuz
sie hängten sich an ihn
geborgen für immer in Hölle und Paradies
Die großen Gefühle ewig
auf Namen Adresse fixiert.

Besuch bei der Mutter

Jedesmal ist sie wieder
ein Stückchen kleiner geworden
Knöchelchen dünner als Kinderbein:
Vogelbein halten mich fest

In meinen Armen schrumpft sie
in mich hinein mitsamt
Angora-Hemd Bluse Wolljacke Kittel
schließt sich in mein Herz

Liegt mir im Blut
schaut mich an mit
Pupillen stecknadelkopfgroß
aus meinen Augen.

Mitteilungen der Mutter

Sie hat Krebs sie hat Krebs sagt sie
nimm von der Suppe nimm
Mettwürstchen Rindfleisch sie liegt
schon vier Wochen man hat
sie aufgemacht zugemacht hier
ist der Essig der Senf sie war
zuletzt ganz geschwollen der Bauch
immer dick und sie trank
hier der Saft aus dem Garten es gibt
auch noch Pudding es gibt
keine Hoffnung mehr nur noch
Wochen Monate höchstens sie ist
nur zwei Jahre älter als du.

Keine Tochter

Ja der Kuchen ist gut – Ich habe
nie gern Süßes gegessen – Ich esse
gern noch ein Stück

Nein mir geht es nicht schlecht.
Viel Arbeit. Ja. Älter werde ich auch.
Noch kein Mann? Nein kein Mann.

Vorm Eigenheim mit Frau und Kind
des Sohnes wuchs der Ableger
von der Clematis vorm Elternhaus an.

Überm Fernsehen schläfst du ein.
Dein Kopf sackt nach vorn deine Schulter
auf meine. Ich halte still.

Näher kommst du mir nicht.
Ich bin dir wie vor meiner Zeugung
so fern. Verzeih ich möchte
auch keine Tochter haben wie mich.

Ich bin die Frau

Ich bin die Frau
die man wieder mal anrufen könnte
wenn das Fernsehen langweilt

Ich bin die Frau
die man wieder mal einladen könnte
wenn jemand abgesagt hat

Ich bin die Frau
die man lieber nicht einlädt
zur Hochzeit

Ich bin die Frau
die man lieber nicht fragt
nach einem Foto vom Kind

Ich bin die Frau
die keine Frau ist
fürs Leben.

Katzenmahlzeit

Alles ist in Roma eßbar
Artischocken schwarzes Schaf
Ciceroni Chips Cypressen
Rosmarin Maroni

Alles ist in Rom vergeßbar
Esbahn Ubahn Alster Spree
Villen Pillen Brillenträger
Papa Papperlap

Alles ist vergeßbar eßbar
Colosseum Marzipan
Minestrone Mama Mia
Dolce Duce Du

Wachsen

Die sagen du lebst nicht mehr
lügen. Tagsüber bist du ganz klein.
Aber wenn die Schatten der Pinien
wachsen wächst du mit ihnen. Dein

Mund wird sehr groß. Meine Glieder
vergehen dazwischen. Du willst
aufgenommen sein und zerbrichst
mich mit einem Schlag deiner Lider.

Gertrud Kolmar

Auf meinen Knien das Häufchen
Fotokopien wird leichter

Langsamer lesen

Mit jedem Blatt lege ich Lebenszeit ab
von einer die schrieb im vorletzten Brief:
Ganz ohne Freude bin ich freilich nicht
Sie meinte ihre Erinnerungen
Weinte mit keinem Wort
Lebte vom Leben schon sehr weit entfernt
Legte an alles Geschehen längst
den Maßstab der Ewigkeit
Trat freiwillig unter ihr Schicksal
Hatte es schon »im voraus bejaht, sich ihm
im voraus gestellt« schrieb sie

Langsamer lesen

Wir wissen nicht wo sie starb
Wir wissen nicht wann sie starb
Ihre Mörder sind bekannt

Im letzten Brief fiel ihr »eben etwas
Ulkiges ein«. Versprechen und Pläne. Herzliche
      Grüße

Langsamer lesen

Immer wieder von vorn.

Anrede

Vergebt uns nicht vergebt
nicht einen Kolbenschlag nicht
einen Tritt nicht eine Quälerei
nicht einen Toten

Vergebt uns nicht vergebt
nicht ein verbranntes Buch nicht
eine zerfetzte Geigensaite nicht
einen Stern der nicht am Himmel steht

Vergebt uns nicht vergebt
nicht einen schiefen Blick nicht
eine Hand die eurer sich entzog
den Schritt nicht der vor euch
um eine Ecke bog

Vergebt uns nicht vergebt
nicht unsern Kindern. Die Augen
haltet uns offen unsre Herzen
auch. Bleibt bei uns.

Laßt uns nicht mit uns allein.

Schneller

Brecht aus den Ästen Blätter schneller
Knospen erblüht schneller schwirrt Bienen
schneller Blütenschnee schnei Sonnenstrahlen
rast in die Früchte Regen herab Wind herbei
alle drei: Laßt es noch einmal gut sein.

Abendlied

Den Ring durch die Nase
die Zunge im Zaum
Fell über die Ohren
das Leben ein Traum

Die Füße im Pflock
im Marschtritt ein Reigen
geteert und gefedert
der Himmel voll Geigen

Das Maul gestopft
im Nacken der Schlag
Stock und morgen
ist auch noch ein Tag.

Verzeihung

Ich verzeihe mir
jede Sekunde die ich
um dich geweint
alle Tage Monate Jahre
des Wartens das dich
gemeint

Ich verzeihe mir
jede Lüge jede
Täuschung die mich von dir
entfernte ich glaubte aber
ich näherte mich dir

Ich verzeihe mir
dich ich werde nichts
verloren geben ich gebe
dir was ich will
zurück was ich nicht will
Ich lebe.

Steuererklärung

Ja da war ich
mit dir hab ich da
gesessen gegessen vergessen
hab ich das längst
geglaubt. Arbeitsessen
schreib ich bei Anlaß
der Bewirtung da
hör ich dich lachen du
bestellst Apollinaris und ein
Chateaubriand legst
dir das Fleisch zurecht
ja es schmeckte dir immer
mir die Hand aufs Haar
ja es war schön es war preis
und wert nicht mal
hundert Mark. So
kamen wir billig davon.
Voll absetzbar.

Brot und Salz

Du hast kein Haus gebaut
Bau denn auf mich

Und keinen Baum gepflanzt
Leg dich in meinen Schatten

Kein Kind gezeugt
Nimm mich in deinen Arm

Laß mich dein Brot und Salz der Erde sein.

Katzenmusik

Kann ich nachts nicht schlafen streck
ich mich wie die Katz
Zwölfe auf ein Dutzend Kerle
hätten bei mir Platz

Hätten Platz in meinem Bett meinem
Herzen auch
diesem superstretch barmherzgen
Gummischlauch

Fänden dort in jeder Kammer einen
Kasten Bier
Karten-Glücks- und andre Spiele
hättens gut bei mir

Augen Mund und Ohren müßten sie mir
halten dicht
Alles will ich lieben nur
den ich liebe nicht.

Allerleirauh

Heller Mondschein aufschwebt
aus den weißen Säulen die
weiße Anzugsjacke geht auf
geht unter vorbei. Allerlei
Wehmut bricht rauh
mir durch die
Dienstmädchenseele sehnt sich
nach einem scharfen Befehl.

Radschlagen

Keiner will den der
vor der Tür steht
schon morgens im Gras
klebt den Rosen
schlottern die Blätter vom Leib

Astern trompeten es bimmeln
Vogelbeeren und Trauben. Den Bäumen
tanzt der Wind auf dem Kopf
Hochauf schlagen Dahlien Rad

Alle reissen sich noch
einmal zum Leben zusammen. Dann
wäscht der Regen sie aus diesem Jahr.

Wiedergänger

Ich habe Angst er kommt. Er trägt
das Messer nicht heimlich
offen in der Brust. Mein Stich
traf ungenau sein Herz
schlägt weiter versorgt mit Blut
die Glieder ihm in jeder Nacht
wenn er aufwacht und umgeht
nach mir späht und hinterrücks
mich zu der Seinen macht.

Verrannt

In den starren Dornenranken
hänge ich hängt fest das Leben
kann nicht Hände Füße rühren
reife Beeren fallen nieder fallen
anderen in die Töpfe mir
in Nacken und Gesicht.
Märchen gibt es die erzählen
daß in alten Zeiten manchmal
einer kam der nahm die Seine
samt den Dornen in sein Herz.

Ein Kind

Der Himmel strömte auf die Erde nieder nachts
und legte mir in meinen Schoß ein Kind
mit Sternenaugen Dunkelhaut sein Mund
geschwungener Mond daraus ein Käuzchenschrei
nach mir der Mutter rief. Ich drückte
seinen kühlen Leib an mich ich stillte
küßte hielt in meinen Armen nichts.

Köstlich

Wie reizend wie nett bitte nach Ihnen

Aber ja die Emanzipation ist ein
Donnerstagsvormittagsdamenkränzchen
Alle bringen etwas zum Knabbern mit

Greifen Sie zu ich bin so frei bitte bitte

Gewiß küßt Ihr Mann meine Liebe nicht
schlechter als Ihr Labrador

Nein danke die Linie Sie verstehen

Müßte hier nicht ein Dichter die Liebe beschwören
Aber die Mücken die Mücken stören

Meine einzige liebe gnädige Frau

Bitte Frau Doktor H.
Ich lese Sie liebe Sie lobe Sie labe Sie lechze
nach Ihren Gedichten zum Tee Teegebäck

Besten Dank

Aufgepaßt

Spiel mit es kostet dich
ein Lachen nur rund um
die Uhr lachhafte Ewigkeit:
Wer spielt muß lachen. Reiß
dein Maul auf! Beiß
die Zähne fest zusammen
schlagen sie dich gleich
wenn du nicht aufpaßt
und weinst.

Schöne Landschaft

Mitunter tut sich
der Himmel auf
zeigt sein Geheimnis
im Spiegel der Erde
Zeigt uns was
wir noch übrigließen
von der Erde die einmal
sein Ebenbild war.

Immergrün

Jetzt wird es höchste Zeit
die Träume einzusammeln
nicht nur die leichthin
abzulösen sind. Die schweren
leeren sitzen tiefer längst
der Haut verwachsen gut
genährt mit wahrem Blut. So
wuchern sie sich wirklich
in mein Leben: Efeu am Baum
der immergrün erstickt.

Fortschritt

Langsam bewahre ich mir
ruhiges Blut. Friede
auf Erden in jeder
Manns Armen.
Vorm Fenster verliert
der Baum sein Laub.
Erhöbe ich mich
allein oder mit einem
von deiner Sorte
ich sähe wir sähen
das Dach
vom Bunker aus
dem letzten Krieg.

Uhrwerk

Ein paar Tage noch quillt
der Briefkasten über
klingelt das Telefon
Auch die Rechnung kommt
noch einmal und die
Erste Mahnung für die
Lebensversicherung
Im Kühlschrank verderben
die Vorräte. Der Mülleimer stinkt.
Nutzlose Luft legt sich
als Staub auf Schreibmaschine
und Staffelei Kippen Kleider die
Quarzuhr läuft weiter jedes
Rücken ein Herzschlag
ein Hohn.

Sonnenwind

(Für L.)

Nein er bleibt nicht
lang bei dir nein
er bleibt bei keiner
Ihm gehts gut
bei dir genau
wie bei irgendeiner

Weine endlich
Gib die Angst
vor der Trauer auf
Sei dein eigenes
Sonnenwindrad
Lauf.

Frauen

Frauen in mittleren Jahren
fahren den jungen durchs Haar
als streiften sie ab was gewesen
und nicht gewesen war

Frauen in mittleren Jahren
fühlen sich wieder verwandt
ihren Müttern die nehmen sie
wie ein Kind an die Hand.

Sagt sie

Eine reine Freude sagt meine Mutter
und meint die Kirschen im Korb
Eine reine Freude Iß Kind iß
was du kannst
Aber wasch sie vorher und
nicht zuviel trink kein Wasser
drauf paß auf die
Würmer auf.

Poetischer Vorgang

Als ich erwog du
durch er zu ersetzen
verriet ich dich ans Papier

Als ich du sagte
weil er schlechter klang
machte ich dich unsichtbar

Als ich der schrieb
fiel ihm und dir nicht auf
was wirklich geschah.

Irrtum

Und mit der Liebe sprach er ists
wie mit dem Schnee: fällt weich
mitunter und auf alle
aber bleibt nicht liegen.

Und sie darauf die Liebe ist
ein Feuer das wärmt im Herd
verzehrt wenns dich ergreift
muß' ausgetreten werden.

So sprachen sie und so griff
er nach ihr sie schlugs nicht aus
und blieb auch bei ihm liegen.

Er schmolz sie ward verzehrt
sie glaubten bis zuletzt an keine Liebe
die bis zum Tode währt.

Wie es anfängt

Ich nehme bei jedem Klingeln den Hörer ab
Wenn er sich meldet sag ich Hallo und Gehts gut
Frage ihn ob er gerne Kartoffeln ißt
und wie ers hält mit der Emanzipation

Er geht gern durchs Gebirge sagt er ich sage ich auch
Er empfiehlt mir einen Aufsatz zu lesen ich lese
Ich beschimpfe das Wetter. Er sagt schön Sie zu
        hören.
Ich putze den Telefonapparat er funkelt durch Tag
        und Nacht.

Vorfreude

Wenn Sie mir versprechen
so wahr zu lügen wie ich
Wenn Sie mir versprechen
die Kehle nicht weiter mir zuzudrücken
als ich Ihnen

Wenn Sie mir versprechen
so schwer wie ich an Ihnen
zu tragen an mir
Wenn Sie mir versprechen
nicht härter als ich zuzuschlagen
Nicht mehr von meinem zu lecken
als ich von Ihrem Blut
Dann wird ja alles gut.

Nie mehr

Das hab ich nie mehr gewollt
um das Telefon streichen am Fenster stehn
keinen Schritt aus dem Haus gehn Gespenster sehn
Das hab ich nie mehr gewollt

Das hab ich nie mehr gewollt
Briefe die triefen schreiben zerreißen
mich linksseitig quälen bis zu den Nägeln
Das hab ich nie mehr gewollt

Das hab ich nie mehr gewollt
Soll dich der Teufel holen.
Herbringen. Schnell.
Mehr hab ich das nie gewollt.

Vorsicht

Meine Sehnsucht hat wieder
einen Namen der mich anfüllt
mit Glück und Schmerz.
Dabei hat sich nichts merklich geändert
Ich geh durch die Tage lächelnd
wie er durch mich geht
mit seinem Geruch seiner Stimme
seiner Gestalt die mein Verlangen prägt
seinem Leib der den meinen ganz und gar umkleidet
Ich versuche mit aller Kraft
nicht zu sagen
Komm oder Geh oder Bleib.

Fast

Abend im März. Glückselige Musik
von Amseln und alten Meistern.
Er rief an. Ich hätte ihm fast
die verbotenen Drei Wörter gesagt.

Selig sind die Wartenden

mit den zerbissenen Lippen und Fingernägeln
den von Briefen gestopften Mäulern
Welke Blumen knebeln ihnen die Kehlen.
Sie tasten unentwegt mit der rechten
nach ihrer linken Hand.

Selig sind die Wartenden

Sie bedürfen der Stunden nicht
nicht der Tage nicht des Wachens
des Schlafens. Sie spannen sich
in ihrer Haut bis die Poren platzen
jedes Lächeln sich selbst zerdehnt.

Selig sind die Wartenden

an ihnen saust der Erdball vorüber
das schärfste Stück Welt
löst ihren Blick nicht
aus der verheißenen Richtung.

Selig sind die Wartenden

mit dem wäßrigen Glanz der Hoffnung in den
      Gesichtern
mit dem Traum der sie schützt vor dem Schlimmsten
mit der Zielscheibe über dem Herzen
damit es sie jederzeit trifft.

Aller Welts Mann

Ich höre dich sehe dich
überall in unserer Stadt
Von dem einen nehme ich
deine Beine vom anderen den Leib
deine Augen den Mund ach die Nase
die Wangen die Stirn vom
Dritten Vierten und Fünften du wirst
immer schöner und größer du wirst
sie alle. Und dann setz ich dir
den Hut auf den Kopf von
dem da den Schal übers Kinn
und dann kommst du Harun
al Raschid zur ersten der
Tausendsten Nacht lächelst
ganz wie im Leben und dann.

Ein Netz

Freunde sind wir geworden Geliebter
schmolzen im Lauf der Jahre
unsere Schwerter zur Schale
wir tranken draus
Schwermut und Lust

Abschiede kamen wie Hunger und Durst
wir gaben sie immer. Daraus
flocht uns die Zeit ein Netz
aus Treue und Trost

Herzenssatt liege ich bei dir
in sicheren Schlingen
Wir hören zu atmen nicht auf.

Septembermorgen

Du und ich durchdrungen vom Licht
eines Septembermorgens. Wir verstehen uns
mit der Haut und der Luft
die sich um unsere Haut legt
darunter das Herz
das jetzt so friedfertig schlägt.
Bald öffnen sich die
Kastanienschalen von selbst
geben die Frucht frei.

Reisesegen

Fahr weiter mit mir mein Gefährte spring
nicht ab aus der Zeit weils zu schnell geht
zu langsam die Brücken vermint die
Straßen eben noch fest reißende Flüsse sind
Weils dir schöner scheint im Schatten
genügsam ein Pflüger zu sitzen setz
dich nicht fest in der Zeit Glaub mir
wir werden in dieser Richtung vorwärtskommen
Hab keine Angst ich versprech dir wir kommen
niemals ans Ziel.

Zeitsprung

Um einen Kuß bat mich der alte Mann
mit lippenlosem Mund um einen Kuß
Ich spürte seine Zähne durch die straffgespannte Haut
Hielt still. Hielt stand

Dem was da auf mich zukam jählings
mit Gewalt mich bald zur alten Frau
heruntermachen betteln lassen wird
mit lippenlosem Mund um einen Kuß.

Total

Den Tränen nah. Das war das letzte Spiel.
Wer offen spielt hat keinen Sieg verdient
sagen die zuschaun hinter schwarzen Gläsern
und reiben sich die Nase mit den Fingern

die auf die zeigen die sich ganz verlieren
im Spiel und im Verlust.
Nur denen kommen Tränen in die Augen
die ohne Brille in die Sonne sehn.

Unerhörte Nähe

Geruch von Regen und nassem Mull
Handtuch in einer Badeanstalt
Im Rücken Plastikgras der Durst
zwischen den Grenzen des Fleisches
Die Adern erkennen. Lautlos
bewegt sich der Mund. Das hat
noch mit Leben zu tun.

Richtig sein

So zu sein wie die die dabei sind
eingehakt in der Demo gegen Ritter Teufel und Tod
Gruppenreisen mit Fahrrad und Rucksack in die
    Toskana
eine Beziehungskiste und in der Kneipe ein Bier
So zu sein wie die die es ganz genau wissen
rem rad becquerel und was man tun darf was nicht
Immer zur richtigen Zeit die richtige Zeitung lesen
aus den richtigen Vogelflügen Zukunft mißdeuten
Ja so
zu sein wie alle die immer dabei sind und nicht
jedesmal wieder dies Heulen und Zähneklappern
bis alles vorbei ist und der letzte Buchstabe mir
zwischen den Augen verschwimmt.

Beste Jahre

Verschiedene Vögel fallen aus allen Wolken selbst
arglose Pflanzen sind zum Lügen gezwungen
es regnet es regnet die Erde wird naß und krank.
Und ich sehe mich dastehn eine Frau
die das alles im Kopf hat in den besten Jahren
mager vor Angst daß er aufsteht und geht.

Inbegriffen

Pizza Lasagne zweimal Rotwein viel Wasser
das Kind ist zufrieden der Vater der Kellner
lächelt über sein ganzes dunkles kleines Gesicht mir
    zu.
Eis am Stiel im Dezember wir singen
von Räubern im Wald bis es uns weiß
aus dem Hals dampft
stampfen zu Möwen- und Gänsefutter mein
steinaltes beinhartes Brot.
Niemand reibt sich die Augen
wenn er das Kind sieht fliegend
an meiner und seines leiblichen Vaters Hand.
Gut denke ich daß ich all die Schnitte
ins eigene Fleisch bislang überlebte
Lasse diese Stunden ganz langsam zergehen
geborgen geborgt.

Romanze

Sobald er sie angeschirrt hat am Morgen
an Kleiderbügel und einen leeren Abfalleimer
eingezäunt in Tapetenpapier
reitet er im verplombten Wald sein tägliches Turnier

Gern schriebe sie federnde Briefe ihm hinterher
die seinen Rückzug aufhalten
aber die preisenden Pfeile bleiben
ihr stecken im eigenen Fleisch

Auch muß auf dem Tisch am Abend
ein von Liebe durchdrungenes Essen stehen
Kartoffeln und feine Gemüse fallen ihm
in den Teller wie reife Reime

Jedesmal zwingt sie sich neuer zu sein
als am Vortag steckt in ihr Zaumzeug
Gardenien legt ihm ihr Fleisch zurecht

und kommt aus dem Glück gar nicht
mehr heraus wenn er ihr zwischen die Beine
flüstert: Ich werde bleiben.

Das Wasser

Angelus Läuten am Abend kaputte Uhren
kein Telegramm das meine Blöße bedeckt
Nur das Wasser zöge die Hand nie zurück aus meinem
    Haar
Können Sie mir sagen wie spät es ist. Bitte.
Bitte. Lächelnd und sauber tönt mir der Gong ins
    Ohr.
Er wird nur noch meine Kleider finden.
Alle Türen weit offen. Das Wasser davor.

Aussaat

Diese Romane auf Liebe und Tod
und das Leben hier
in immer dürftigeren Verstecken
Einmal mit weiten Schritten
unter freiem Himmel vorwärtsgehen:
große Worte einfach fallenlassen.

Vorgeschrieben

Diese Sehnsucht
dich beim Namen zu nennen
Diese Angst
dich beim Namen zu nennen.

Diese Sehnsucht
Wort zu halten
Diese Angst
nur Wort zu halten

Diese Sehnsucht nach einem Leben
das kein Gedicht wird
Diese Angst vor einem Gedicht
das ein Leben vorwegnimmt.

Münchhausens Schwester

Haare gelassen? Alle nie. Immer wieder
am eigenen Schopf aus dem Sumpf
und mit Hennessy zugegeben und Gott
sei Dank immer noch genug

zum Rausziehn wachsen sie nach
und nach wird der Griff routiniert
und das Haar steht auf Kommando zu
Berg Talfahrt gratis sobald der Gipfel

erreicht ist runter den Bach. Ach
daß irgendwo Milch und Honig fließe
wer möchte es glauben. Flössen sie

flöhen wir nicht – fürchtend wir müßten
ertrinken in unserm schöneren Selbst –
zurück in den Sumpf?

Vielleicht eine Hand

Ein Mädchen eine Frau glatte Haut
Falten sackendes Bindegewebe. Dann
ein Hügel hochaufgewölbt frische Blumen
Kränze mit Schleifen viele Füße
ringsum. Später Begonien
Buchsbaum ein Kiesrondell später
die Marmortafel mit Namen von bis
daneben Lebensbäume. Füße mitunter
Schnittblumen in der Laterne ein Licht.
Später nur noch der Gärtner zweimal im
Jahr vom Konto der Erben abgebucht.
Dann Efeu. Moos in den Sprüngen im Stein.
Dann und wann vielleicht
an einem Tag im Altweibersommer
dann und wann vielleicht eine Hand
die Spinnweb und Blätter wegschiebt
Augen die den Namen entdecken
hinterm Stein junge Katzen noch blind.

Fest auf der Alster

All das Eis wir schwelgen
im Winter unter der Sonne
Laufen auf Kufen im Kreis
und gradaus mit und gegen
und durch Licht und Wind.
Alte Ehepaare ziehn sich
noch enger zusammen
Vater und Mutter kreisen
in hohem Bogen ums Kind.
Wippende Mädchen im heiratsfähigen Alter
lächeln aus der Hüfte heraus gutaus
staffierte Lilien in kühnen Kurven
kreuzen ihre Herzensmänner das Feld.
Sogar silbrige Herren und Damen geraten
ins Schleudern der Hut fliegt vom Kopf
der Hund rutscht hinterdrein
wittert Glühwein auf Eis.
Übermütig lächeln wir alle verschworene
Kinder die vom selben Süßen genascht
werfen Lächeln wie Bälle uns zu
durch die lächelnde Luft. Lächeln
als gäbe es nichts zu bestehn
als den nächsten Schritt als geschähe
nur was wir im voraus schon sehn
bis an den Horizont von
Brücken Kirchen und Banken.
Lächelnd vergibt ein jeder von uns
seinem Nächsten und sich
diesen Nachmittag lang
all das Eis
unter der Sonne.

Für den, der fragt

Warum schreiben Sie?

Auf frischer Tat ertappt. Von weitem qualmen die Scheiterhaufen der Inquisition. Warum schreiben Sie? Erstens Zweitens Drittens. Klar und deutlich. Bei schweren Sünden die Zahl angeben.

Was es gibt, ist nicht genug. Ich sehne mich nach dem, was ich nicht bin, nicht habe. Weil es mehr und Besseres geben muß als das, was wir sind und haben. Nicht aus einer Sehnsucht heraus, die die Augen vor der Wirklichkeit verschließt, die den Blick über die Wirklichkeit hinaus nur auf das Erhoffte richtet. Ein solches Leben und Schreiben wäre Hochmut.

Meine Sehnsucht entspringt dem genauen Hinsehen auf die Wirklichkeit. Schreibend suche ich Möglichkeiten, die über das, was ich weiß, bevor ich die Worte setze, hinausgehen. So vermehre ich mich selbst und die Wirklichkeit auch.

Und warum – Gedichte?

Meine Großmutter ließ nichts verkommen. Von ihr lernte ich, jeden scheinbar noch so wertlosen Gegenstand zu beachten, seine Schönheit zu erkennen, ihm Bedeutung zu verleihen, die mit seinem profanen Gebrauch nichts zu tun hatte. Von ihr lernte ich das Sammeln, das Finden. Von ihr lernte ich das Spielen. Ich lernte das Wundern. Die Freude, mich selbst zu überraschen. Lernte das Verwandeln der Wirklichkeit.

Heute brauche ich dazu keine alten Knöpfe, keine Troddeln, Porzellanscherben, Splitter aus Glas, keine verbogenen Löffel, bartlosen Schlüssel mehr. Heute bin ich auf Wörter und Silben aus, steck sie zu mir mit der gleichen verschämten Kühnheit wie einen rotgeäderten Rheinkiesel als Kind, spreche ihnen Bedeutung zu im Gedicht, wundere und freue mich, wenn sie Funken schlagen und sprühen wie Feuersteine.

Verwandlung, Magie. Nichts ist, was es scheint zu sein. Wieso ein Perlmuttknopf? Hier kommt der Kaiser. Ein blaues Stück Glas vor Augen: mein Dorf das Morgenland. So wie ein Ding kann jedes Wort verwandelt werden und selbst verwandeln. Weil im Gedicht jedes Wort wie im Zauberspruch gleich gültig ist. Jede Silbe, ja selbst die Pause, gesetzlich geschützt. Ein Gedicht ist das freiheitlich-demokratischste Gebilde der Welt.

Im Gehen. Mit den Füßen auf der Erde, mit den Wörtern im Kopf. Aus der Gangart erwächst ein Rhythmus, Wörter nähern sich, Bilder begleiten mich, halten mit mir Schritt, bis sie mich zum Inne-Halten, Aufschreiben nötigen. Dann entsteht das Gedicht: aus Ergangenem. Wie ist es dir ergangen? Was hast du begangen? Nur, was sich bewegt, lebt.

Dichter sind Sammler. Sie »suchen mit Fleiß, um durch Zufall zu finden« (Valéry).

Was? Eine Strophe (großes Glück), eine Zeile (Glück), ein präzises Bild (komplizierte Bilder sind meist beliebig), einen Rhythmus, ein Wort. Jeden Einfall gleich und sogleich ernstzunehmen gehört zum Handwerk. Jedes Wort kann sich aus dem »Steinbruch der Stille« (Stifter) lösen, kann als Feuerwerk von Bedeutungen aufflammen in der Reibung mit einem anderen. Nicht nur die Dinge werden im Gedicht von ihrem gewöhnlichen Gebrauch gerückt; auch die Wörter werden in Bewegung versetzt, aus ihren festgezurrten Bedeutungen gelöst. Der Dichter muß den »Geisterblick« (Eichendorff) haben, der blitzartig das Entlegenste aneinanderrückt; dann schließen die Wörter einander auf.

Das Wunderbare: wenn sich die Wörter im Gedicht zu wandeln beginnen; vom Zeichen, das Wirklichkeit benennt, zum Ding, das Wirklichkeit schafft. Eine Wirklichkeit nicht nach den Gesetzen der Schwerkraft oder Grammatik, sondern nach denen der Poesie, die der Dichter gemeinsam mit den Wörtern in jedem Gedicht neu erfindet. Eine Wirklichkeit der Wortdinge.

Immer beginnt während des Schreibens eine Reaktion der Wörter untereinander. Den Wörtern muß man ihren Willen lassen, ihnen zu Willen sein. Mitunter benehmen sie sich wie die Dinge in Charlie Chaplins Filmen, entziehen sich jedem Werben auf groteske Weise, schießen quer und sperren sich, bis sie sich schließlich wie von selbst zusammenfügen. Vorsicht vor Adjektiven als emotionalem Schmieröl!

Eine bestimmte Strecke ist von den ersten Wörtern, den Bildern, dem Rhythmus vorgegeben. Dann gilt es Meister Ekkehart zu folgen: ganc âne wec den smâlen stec. Der Weg entsteht im Gehen. Aus jedem Schritt erwächst Kraft für den nächsten. Ob der Weg steinig oder eben, der Dichter ihn leichtfüßig oder hinkend gegangen ist, egal. In der Kunst geht es nicht nach Mühe und Belohnung. Entscheidend ist das Ergebnis. Das fertige Gedicht soll nicht nach Schweiß riechen. Die Ketten, in denen der Dichter tanzt (Nietzsche), darf man nicht klirren hören. Nur mit Absicht. Doch *jedes* geschriebene Gedicht ist besser als das beste geträumte. Es muß gegangen sein. Nur so entsteht das Gedicht. Und der Dichter selbst.

Ja, log ich tapfer. Alles. Der Postbote stürzte, ohne das Porto für den Nachschub zu kassieren, aus meinen vier überbordenden Bücherwänden davon.

Es gibt nicht nur eine Provinzialität des Raumes, sondern auch eine der Zeit. Darauf hat T. S. Eliot hingewiesen. Der vorherrschende, geradezu unterwürfige Hang zur vordergründigen Aktualität ist mir, wo immer ich ihm begegne, zuwider. Sollte sich das unsichere Verhältnis vieler Deutscher zu ihrer Vergangenheit auch auf den Umgang mit ihrer literarischen Tradition ausdehnen? Wer lebt, schreibt, urteilt, als gehöre die Welt den Lebenden allein, der ist ein historischer Provinzler.

Jedoch: Das Vergangene wird nicht automatisch gegenwärtig. Es genügt nicht, bestimmte Regeln und Gesetze einzuhalten. Das wäre ein rein mechanischer, bequemer, konventioneller Kontakt. Es gibt nur ein Gesetz: Keine Regel ohne Ausnahme. Diese Ausnahme gilt es zu finden, zu erfinden und selbst wieder zur Regel zu machen. So ist die Moderne nicht das Gegenteil von Tradition, sondern führt sie fort, schafft sie selbst. Jedes Neue ist ein Verstoß gegen das Alte, ein Vorwärtsstoßen des Alten, ein Erweitern des Spielraums. Alle Erfindungen, auch die der Poesie, sind für den Gebrauch bestimmt und zur Weiterentwicklung. Jeder Hersteller sollte sie kennen, sein Handwerkszeug beherrschen.

Literatur muß, wie alle Kunst, um verständlich zu sein, auf das Vorhandene aufbauen, auch Redundanzen enthalten. Alles, was bereits erarbeitet wurde, steht mir zur freien Verfügung. Ich kann das Neue herausstellen. Ich kann das Neue im Alten verbergen.

Regeln und Gesetze sind Widerstände. Ich kann sie als Trampolin benutzen. Wer sie abschaffen will, gleicht der Kantschen Taube, die glaubt, im luftleeren Raum besser fliegen zu können. In der Kunst veraltet nichts. Das gilt nicht nur für das Handwerk. Es gibt auch Traditionslinien von Haltungen, Erfahrungen. Haltungen gegenüber, Erfahrungen mit dem Leben. Ich frage die, die mir vorangefahren sind, wie es um uns, ihre Nachfahren, steht. Indem ich Fragen aus meiner Zeit stelle, antworten sie als Zeitgenossen. Kunstwerke sind Antworten. Es muß immer neu gefragt werden.

Man muß nicht in jeder Pfütze gebadet haben, um zu wissen, daß sie dreckig ist. Sagte der Religionslehrer.

Jede Pfütze, jedes Bad, sage ich, muß ich mir vorstellen können.

Also erlebt: ja. Gelebt: nein. Erfahren: ja. Widerfahren: nein. Gedichte auf die äußere Biographie des Verfassers zu beziehen führt meist zu Kurz-, selten zu Rückschlüssen. Nicht im persönlichen Leben, im Er-Leben, der inneren Biographie gründet das Gedicht. Die amerikanische Dichterin Emily Dickinson führte ein Leben in äußerster Zurückgezogenheit. Die Wissenschaft jagt bis heute verschiedenen Phantomen unbekannter Liebhaber nach. Sie hatte, längst bevor sie – schon nicht mehr jung – eine Liebe lebte, die Liebe erlebt. Vielleicht durch Erzählungen, Lektüre, Musik, vielleicht durch die Geste einer Hand, das Zucken eines Mundwinkels. Sie schrieb wunderschöne Liebesgedichte.

Indes: Aus Gefühlen, ganz gleich, wodurch sie ausgelöst werden, entsteht kein Gedicht. Die Intensität von Erfahrungen hat nichts mit der von Dichtung zu tun. Erfahrungen sind notwendige, aber nicht hinreichende Voraussetzung für ein Gedicht. Ich leide, also dichte ich? Unsinn. Ich dichte, also leide ich: wenn die Silbe nicht sitzt, das Wort bockt. Gedichte werden aus Silben gemacht, nicht aus Sensationen. Erst wenn das Fleisch Wort wird, entsteht das Gedicht. Dann werden aus Erfahrungen Erfindungen gemacht.

Diese Erfindungen stellen eine neue Realität dar, die mit real erlebten Situationen Berührungspunkte haben kann, aber niemals ihr Echo ist. Die Realität wird im Gedicht bis zur Kenntlichkeit verändert. Das hat Ernst Bloch gesagt. Ich füge hinzu: Im Gedicht bin ich Ich bis zur Unkenntlichkeit, als eine, die sich zu Sprache gemacht, in Wörter aufgelöst hat, in Silben. Das Ich im Gedicht ist niemals identisch mit meiner Person. Ich bin ein Wortding geworden, ungleich realer und umfassender als jedes reale Ich; es umgreift das meine und das aller Leser aller Zeiten.

Degas erzählt, Mallarmé habe einmal ein Sonett vorgelesen. Allgemeines Rätseln, was es bedeuten möge: Triumph der Morgenröte? Sonnenauf-, Sonnenuntergang? Noch mancherlei. Schließlich Mallarmé: Aber ganz und gar nicht ... Es ist meine Kommode.

Für wen schreiben Sie?

Für den, der fragen will.

Daß ihm das Gleichnis von der wunderbaren Brotver-
mehrung das liebste ist. Da schreibt einer ein Gedicht,
und Hunderttausende können es annehmen. Jeder das
seine. Jeder ißt, jeder liest für sich allein. Jeder auf
seine Art. Nur als unser Gedicht nährt das Gedicht.

Jedes Gedicht ist eine Antwort. Aber: Keine Ant-
wort ohne Frage. Wer fragt was? Jeder, was ihm paßt.
Ein Gedicht ist keine Vor-Schrift. Ich kann und will
dem Leser seine Frage nicht in den Mund legen. So-
bald ich das Gedicht geschrieben, frei- und losgespro-
chen habe, bin ich auch ein Leser; ich weiß anderes,
mag sein, mehr, mag sein, weniger. Jedes Gedicht sagt
dem Leser nur das, was er sich sagen läßt. Ändert er
sich, ändert sich auch das Gedicht.

Ein Gedicht widerfährt uns wie das Leben. Ob, wie
und welche Erfahrungen wir mit den Erfindungen ma-
chen, liegt allein an uns.

Dichter sind Dealer. Gedichte Stoff. Sie sollen süchtig machen. Nach einer Wahrheit, die es so sonst nirgends gibt. Auch nach Schönheit. Jedoch: Schönheit allein erzeugt nur den Rausch, der ins Leere fallen läßt.

Gedichte sollen langsam wirken. Chronisch vergiften. Mit Erkenntnissen über uns selbst. Das ist gefährlich. Das Gift bleibt im Körper, die Erkenntnis im Kopf. Das ist nicht immer angenehm. Wir leben bequemer naiv. Indes: Das richtige Gift, richtig dosiert, stärkt.

Gedichte sind Stoff, in dem wir uns nicht verlieren. Wir finden immer mehr von uns selbst. Gedichte nehmen uns ins Gebet, decken auf, was wir zudecken möchten. Jede Lawine beginnt mit einer Schneeflocke. Zumindest die müssen Autor und Leser gemeinsam haben, sonst kommt nichts ins Rollen. Was bewegt wird, ist unkalkulierbar. Der Henker und sein Opfer lesen Hölderlin.

Das Gedicht ist so harmlos und gefährlich wie der Leser selbst. Er muß bereit sein, die Lawine zuzulassen, sonst wird aus den Schneeflocken nicht mal ein Ball. Jeder hat das Recht, sich so dumm zu stellen, wie er will. Das Gedicht ist einfach nur da. Es hat allein die Macht, die der Leser ihm einräumt. Es kommt vor, daß einer aufschrickt beim Lesen eines Verses wie beim Anruf des Apollinischen Torso in Rilkes Gedicht: Du mußt dein Leben ändern!

Darf ein Gedicht schön sein?

Das Auge ißt mit. Indes: Es muß etwas zum Kauen da sein. Das Gift in Schneewittchens Apfel steckte im roten Bäckchen. Gespritzte Äpfel sehen schön aus, sind ohne Nährwert und schmecken nach nichts. Ungespritzt sind sie schrumpelig und gesund. Der Apfel von früher, den es nicht mehr gibt, glänzt am schönsten, schmeckt am besten und macht groß und stark.

Jedes Gedicht ist der Versuch, diesen Apfel zu erreichen. Der hängt aber im Paradies. Jenseits des Erdenlebens. Daher spüren wir in jedem auf irdische Art vollkommenen Kunstwerk beides: das Paradies und den Tod. Das vollendete Gedicht wäre der Tod der Dichtung. Die Dichtung ist unsterblich, weil sie irdisch ist.

Um das Unmögliche – das vollendete Gedicht – nie zu erreichen, muß der Dichter immer sein Möglichstes tun. Er streckt die Hand aus nach dem Apfel aus Eden und trachtet damit nach nichts Geringerem als der Versöhnung von Erkenntnis und Schönheit, Sinn und Sinnlichkeit, Gehalt und Form. Denn als Dichtung bewährt und bewahrt sich alle Erkenntnis in der Form. Auch von der Gestaltung des Unglücks kann Glück ausgehen, wenn die Gestaltung vollendet ist.

Gedichte lesen wie Äpfel essen. Dem einen schmeckt es, und er ist's zufrieden. Der andere sucht zu ergründen, warum und woher der Geschmack kommt. Ein guter, schöner und wahrer Apfel hält dem genußvollen Biß des liebenden Lesers wie der Analyse des Kritikers stand.

Lyrik

Eine Auswahl aus dem Programm der DVA

DVA

Keto von Waberer im dtv

Foto: Isolde Ohlbaum

Blaue Wasser für eine Schlacht

Ein einfühlsamer psychologischer Roman über die »Liebeslebensgeschichte dreier Frauen – eine weibliche Familiensaga über drei Generationen« (Süddeutsche Zeitung). Eine ›Schule des Gefühls‹ und »ein Buch über das Lieben, so klug und so schön wie lange keines, einfühlsam und mit treffender Ironie beschrieben«. (Die Zeit) dtv 11090

Der Schattenfreund
Liebesgeschichten

Daß Gertrud sich einen Kurschatten zulegt, hat weniger mit purer Liebe zu tun als mit der Tatsache, daß Albrecht, ihr Mann, allnächtlich neben ihr liegt, als sei er ins Koma gesunken. Bei Frau Reinsbeck hingegen geht es im wahrsten Sinne des Wortes mit dem Teufel zu, daß sie plötzlich so höllisch gut ankommt beim anderen Geschlecht. dtv 11326

Die heimliche Wut der Pflanzen
Erzählungen

Eine junge Frau erholt sich nur mühsam von den Folgen ihrer gescheiterten Ehe. In der Großstadt isoliert, verdient sie ihren Lebensunterhalt mehr oder weniger gelangweilt als Angestellte einer Galerie. Da verliebt sie sich eines schönen Tages in einen Besucher ... dtv 11405

Der Mann aus dem See

Was macht eine Frau, wenn der Ehemann auszieht und der Liebhaber daraufhin »kneift«? Sie flüchtet zur besten Freundin. Was aber, wenn es sie dann magisch ins Bett von deren Freund zieht? – Daß die Macht der Erotik das Leben häufig nicht gerade vereinfacht, ist nur *eine* Erfahrung, die Keto von Waberer in diesen poetischen und doch schonungslos ehrlichen Erzählungen beschreibt. dtv 11564 (August 1992)

Marlen Haushofer im dtv

Begegnung mit dem Fremden
Siebenundzwanzig zwischen 1947
und 1958 entstandene Erzählungen.
dtv 11205

Die Frau mit den interessanten
Träumen
Zwanzig Kurzgeschichten aus dem
Frühwerk der großen österreichi-
schen Erzählerin. dtv 11206

Foto: Peter J. Kahrl, Etscheid

Bartls Abenteuer
Kaum stubenrein, wird der kleine
Kater Bartl von der Mutter getrennt
und muß sich in seinem neuen
Zuhause einrichten. Zögernd be-
ginnt er die Welt zu erkunden,
besteht Abenteuer und Gefahren,
erleidet Niederlagen und feiert
Triumphe, wird der Held der
Katzenwelt und in der Familie die
»Hauptperson«.
dtv 11235 / dtv großdruck 25054

Wir töten Stella
und andere Erzählungen
»Marlen Haushofer schreibt über
die abgeschatteten Seiten unseres
Ichs, aber sie tut es ohne Anklage,
Schadenfreude und Moralisierung.«
(Hessische Allgemeine) dtv 11293

Schreckliche Treue. Erzählungen
»...Sie beschreibt nicht nur Frauen-
schicksale im Sinne des heutigen
Feminismus, sie nimmt sich auch
der oft übersehenen Emanzipation
der Männer an...« (Geno Hartlaub)
dtv 11294

Die Tapetentür
Eine berufstätige junge Frau lebt
allein in der Großstadt. Die Distanz
zur Umwelt wächst, begleitet von
einem Gefühl der Leere und
Verlorenheit. Als sie sich verliebt,
scheint die Flucht in ein »normales«
Leben gelingen... dtv 11361

Eine Handvoll Leben
Eine Frau kehrt unerkannt in das
Haus ihrer Familie zurück, das sie
vor vielen Jahren verließ, um eine
gar nicht so unglückliche Ehe und
eine leidenschaftliche Affäre aufzu-
geben. Marlen Haushofer glaubt
nicht an die Idylle. dtv 11474

Die Wand
Eines Morgens wacht eine Frau in
einer Hütte in den Bergen auf und
findet sich, allein mit ein paar
Tieren, in einem Stück Natur ein-
geschlossen von einer unüberwind-
baren gläsernen Wand, hinter der
offenbar keine Menschheit mehr
existiert. dtv 11607

Frauen der Welt im dtv

Frauen in Afrika
Herausgegeben von
Irmgard Ackermann
dtv 10777

Frauen in der
arabischen Welt
Hrsg. v. Suleman Taufiq
dtv 10934

Frauen in China
Hrsg. v. Helmut Hetzel
dtv 10532

Frauen in der DDR
Hrsg. v. Lutz W. Wolff
dtv 1174

Frauen in Frankreich
Herausgegeben von
Christiane Filius-Jehne
dtv 11128

Frauen in Griechenland
Herausgegeben von
Maria Bogdanu u.a.
dtv 11396

Frauen in Indien
Herausgegeben von
Anna Winterberg
dtv 10862

Frauen in Irland
Hrsg. v. Viola Eigenberz
und Gabriele Haefs
dtv 11222

Frauen in Italien
Herausgegeben von
Barbara Bronnen
dtv 11210

Frauen in Japan
Hrsg. von Barbara
Yoshida-Krafft
dtv 11039

Frauen in
Lateinamerika 1
Herausgegeben von
Marco Alcantara
und Barbara Kinter
dtv 10084

Frauen in
Lateinamerika 2
Herausgegeben von
Marco Alcantara
dtv 10522

Frauen in New York
Herausgegeben von
Margit Ketterle
dtv 11190

Frauen in Persien
Herausgegeben von
Touradji Rahnema
dtv 10543

Frauen in der Schweiz
Herausgegeben von
Andrea Wörle
dtv 11329

Frauen in Skandinavien
Herausgegeben von
Gabriele Haefs und
Christel Hildebrandt
dtv 11384

Frauen in der
Sowjetunion
Herausgegeben von
Andrea Wörle
dtv 10790

Frauen in Spanien
Herausgegeben von
Marco Alcantara
dtv 11094

Frauen in Südafrika
Herausgegeben von
Dorothea Razumovsky
dtv 11347

Frauen in Thailand
Herausgegeben von
Hella Kothmann
dtv 11106

Frauen in der Türkei
Herausgegeben von
Hanne Egghardt und
Ümit Güney
dtv 10856

Charles Bukowski im dtv

Foto: Bettina Morlock-Kazenmaier

Gedichte die einer schrieb
bevor er im 8. Stockwerk
aus dem Fenster sprang
dtv 1653

Faktotum

Ein illusionsloser Roman über
einen Mann, den die Ansprüche
bürgerlicher Moral nie gequält
haben, der nur eines will:
Überleben – essen, trinken und
gelegentlich eine Frau.
dtv 10104

Pittsburgh Phil & Co.

»Stories vom verschütteten Leben«,
Kurzgeschichten, in denen »pri-
mitive« männliche Bedürfnisse und
Regungen artikuliert werden.
dtv 10156

Ein Profi

Der zweite Teil der »Stories vom
verschütteten Leben«.
dtv 10188

Das Schlimmste kommt noch
oder Fast eine Jugend

Bukowski erzählt in diesem auto-
biographischen Roman die Ge-
schichte seiner Jugend im Amerika
der zwanziger und dreißiger Jahre.
dtv 10538

Gedichte vom südlichen Ende
der Couch
dtv 10581

Flinke Killer
Gedichte
dtv 10759

Nicht mit sechzig, Honey
Gedichte
dtv 10910

Das Liebesleben der Hyäne

Henry Chinaski ist auf Erfolgskurs.
Man reißt sich um ihn, und die
Ladies geben sich in seiner Wohnung
buchstäblich die Klinke in die Hand.
dtv 11049

Pacific Telephone
51 Gedichte
dtv 11327

Die letzte Generation
Gedichte
dtv 11418

Botho Strauß
im dtv

Foto: Isolde Ohlbaum

Die Widmung

Von seiner Freundin verlassen, schreibt Richard die »Biographie seiner leeren Stunden«. dtv 10248

Paare, Passanten

Botho Strauß packt unser Leben an seinen heikelsten, öffentlichsten und zugleich intimsten Punkten. dtv 10250

Kalldewey
Farce

Ein Stück um Liebe und Tod, Flucht und Angriff, Traum und Realität, Wahnsinn und Therapie. dtv 10346

Der Park
Schauspiel

Die bundesdeutsche Gesellschaft wird von den erotischen Gottheiten aus Shakespeares »Sommernachtstraum« heimgesucht. dtv 10396

Triologie des Wiedersehens
Groß und klein

Zwei klassische Theaterstücke der siebziger Jahre. dtv 10469

Rumor

Die Lebenskrise eines Intellektuellen, der zum trunksüchtigen Narren wird. dtv 10488

Der junge Mann

Ein postmodernes Erzählwerk in der Tradition des deutschen Entwicklungsromans, intelligent, gewagt und umstritten. dtv 10774

Die Fremdenführerin
Stück in zwei Akten

Ein ungleiches Paar verbirgt sich an einem Ort, wo die alltäglichen Gesetze des Zusammenlebens für einen heißen Sommer lang nicht gelten sollen. dtv 10943

Niemand anderes

Unsentimental und einfühlsam skizziert Botho Strauß unspektakuläre, doch für den einzelnen zentrale Alltagsbegebenheiten. dtv 11236

Besucher
Komödie

Ein großer Mime probt mit einem jungen Schauspieler, der ihn mit seiner ungebrochenen Verehrung nervt. Beide fallen aus der Rolle und aus ihren Rollen. dtv 11307

Marlenes Schwester
Zwei Erzählungen
dtv 6314